Kathrin Rüeggs pikante Einmachküche

Für Andrea Vetsch!

ISBN 3-275-01088-3

1. Auflage 1994
Copyright © by Müller Rüschlikon Verlags AG, Gewerbestrasse 10,
CH-6330 Cham/Zug.
Sämtliche Rechte der Speicherung, Vervielfältigung und Verbreitung sind
vorbehalten.
Satz: Franz X. Stückle, Druck und Verlag, D-77955 Ettenheim
Druck: Maisch + Queck, D-70828 Gerlingen
Bindung: Buchbinderei Dieringer, D-70839 Gerlingen
Printed in Germany

Kathrin Rüeggs

Pikante Einmachküche

mit Farbfotos von Marco Garbani Nerini

Müller Rüschlikon Verlags AG, CH-Cham/Zug

Inhaltsverzeichnis

Stichwort-Verzeichnis

Vorwort

Eine Vision:

Wenn ich die heutigen Fernsehreklamen für Lebensmittel an mir vorbei-plätschern lasse, dann schwindelt mir. Wahrscheinlich sind wir in wenigen Jahren soweit, daß uns empfohlen wird, zum Frühstück irgendein Pulver mit etwas Wasser anzurühren, den Brei in ein mitgeliefertes Plastikgefäß zu schütten und das Ganze 2 1/2 Minuten im Mikrowellenofen zu backen. Dann hätten wir das beste aller Frühstücksbrote, mit viel Liebe auf den Frühstückstisch gezaubert. Dazu würden wir Margarine, synthetisch und deshalb garantiert bakterien- und cholesterinfrei, Marmelade mit Süßstoff, künstlichen Farben und ebensolchen Aromen, ein Stück Käse aus gefrier-getrocknetem Eiweiß und eine auf synthetischer Erde gezogene Gurke essen. Alles mit viel Lust natürlich. Reinster Horror!

Nur – Angst macht er mir trotzdem nicht. Ich sehe, daß eine neue Haus-frauen-Generation heranwächst, die sich interessiert für jene zum Teil Ur-alt-Techniken des Haltbarmachens von Lebensmitteln. Einerseits wäre ja wohl die Tiefkühltruhe da, die zwar relativ zeitsparendes Konservieren erlaubt – aber andererseits werden wir immer energiebewußter und su-chen dementsprechend nach Konservierungsmöglichkeiten, bei denen man mit möglichst wenig Strom auskommt. Und dann gibt es noch einen weiteren, nicht zu verachtenden Vorteil: Selber einmachen heißt auch Spezialitäten herstellen, die man nirgends kaufen kann. Welch ein Vergnügen, dieses und jenes Glas zu verschenken und geschenkt zu be-kommen.

Diese Überlegungen lassen mich trotz meiner düsteren Zukunftsvisionen an der Schreibmaschine sitzen und meine von Fett- und Essigflecken be-deckten, mit unzähligen Korrekturen versehenen Rezepthefte ab- und umzuschreiben.

Ich bin zwar längst «betriebsblind» geworden. Viele Handgriffe sind mir so selbstverständlich, daß ich sie aufzuschreiben vergesse.
Dann fragt mich Andrea, wie dies zu verstehen sei. Sie bringt mir irgend etwas Undefinierbares und findet das weder schön noch gut (weil ich Essig- und Ölmengen verwechselt habe). Eine weitere Kontrollstelle ist Susanne. Sie schreibt seit vielen Jahren meine Manuskripte ab – steuert

ihre Rezepte und ihre Erfahrung bei. Wie eine Köchin schließlich Schnittlauch über die angerichtete Suppe streut, so werden unsere Produkte zuletzt noch fotografiert. Ich will keinen «food-styling»-Fotografen. Unsere Produkte werden in der Umgebung gezeigt, in der sie entstanden sind, und nicht in einem sterilen Photostudio (wo das alles viel einfacher wäre). Dazu braucht es nicht nur einen guten Fotografen. Er muß zusätzlich ein Improvisationskünstler sein. In Marco Garbani habe ich beides gefunden. Im Verlag geht mein Manuskript nochmals durch viele Köpfe und Hände. Es wird redigiert, zusammengestellt, gesetzt, korrigiert, gedruckt, gebunden, an den Buchhändler geschickt – und jetzt ist es also in Ihrer Hand, liebe Leserin, lieber Leser. Ich wünsche dem Buch viele Essig- und Fettflecken, Ihnen aber ein Regal voller Sommergenüsse, zu genießen, wenn es draußen schneit!
Herzlich

Katarin Ruegg

Ist denn Einmachen heute überhaupt noch zeitgemäß?

Auf den ersten Blick: eigentlich nein. Wenn ich im Supermarkt mitten im Sommer Sauerkraut kaufen will, wenn es mich an Weihnachten nach Erdbeeren gelüstet: kein Problem. Beinahe alles kann ich während des ganzen Jahres meistens frisch, sicher aber tiefgekühlt oder in Dosen kaufen – Aber: die Preise vergleichen darf ich nicht! Nur ein Beispiel: Im Tessin – da wo ich wohne und wo das größte schweizerische Anbaugebiet für Tomaten ist – bekomme ich zur Haupt-Erntezeit ein Kilogramm Tomaten für einen Franken. Ganz abgesehen vom Tomatensegen, der in meinem Garten steht. Im Dezember bezahle ich für irgendwelche ausländische Tomaten, die zwar schön aussehen, aber nach gar nichts schmecken, ohne weiteres das Sechsfache.

Das, was ich selbst anpflanze, ist mit Mist und Brennesseljauche gedüngt und nicht mit chemischen Pflanzenschutzmitteln behandelt worden. Würde ich die Arbeitsstunden berechnen, die wir für das Pflanzen, Jäten, Gießen, Ernten und Einmachen aufwenden, kämen meine Erzeugnisse viel teurer zu stehen als gekaufte. Andererseits aber erhält uns gerade diese Arbeit in der frischen Luft gesund. Wir brauchen keinen Fitneßclub, keine Sonnenbank, kein Schönheitsstudio und keinen Psychiater. Wenn ich all diese ersparten Summen wieder vom Total meines Garten- und Einmach-Aufwandes abziehe, bin ich diejenige, die zuletzt lacht – und erst noch voller Hausfrauenstolz ihre gefüllten Vorratsschränke vorzeigen kann!

Welche Geräte brauche ich für das Konservieren von Gemüse?

Mit Ausnahme eines Dörrgerätes, das auch nicht unbedingt nötig ist, finden sich alle notwendigen Geräte in jeder Küche:
- eine Waage
- verschieden große Rüst- und Wiegemesser
- verschieden große Kochtöpfe
- einige Rühr- und Schöpflöffel
- einen Schaumlöffel
- einige Holzbretter
- verschieden große Schüsseln
- eine Raffel
- große, hohe Auflaufform

Der Backofen, dessen Temperatur sich mit einem Thermostat regeln läßt, ersetzt den Sterilisierhafen.

In welchen Gefäßen lege ich mein Einmachgut ein?

Am besten in Gläsern oder Flaschen. Sie erlauben es, das Einmachgut jederzeit zu kontrollieren, nicht ganz Einwandfreies sofort zu entfernen. Am einfachsten sind Schraubdeckelgläser, wobei ich kleinen Gläsern (Inhalt 350 ml) bei weitem den Vorzug gebe. Die Abfüllarbeit ist zwar hier am aufwendigsten. Dafür kann ich jeweils genau die gewünschte Portion entnehmen und – falls etwas verdirbt – verdirbt nur der Inhalt eines kleinen Glases. Wichtig: Die Deckel müssen durch eine Drehung gut verschließbar sein, die Glasränder dürfen nicht die kleinste Beschädigung aufweisen.

Besonders zum Einmachen von milchsaurem Gemüse ziehe ich Gläser mit Gummiring und Bajonett-Verschluß vor. Sie schließen noch besser als Schraubdeckelgläser. Wichtig: Die Gummiringe müssen dicht schließen können, dürfen also keine Beschädigungen aufweisen.

Steingut-Gefäße werden in alten Rezepten oft vorgeschrieben, können aber problemlos durch Gläser ersetzt werden. Dazu gehört auch die gute alte Sauerkraut-Stande, die ich, seitdem ich das neue System des Einlegens von milchsaurem Gemüse kenne, nur noch als Vase für Sonnenblumen verwende.

Wo lagere ich mein Eingemachtes?

Verschwunden ist die gute alte Speisekammer. Dort war Eingemachtes nämlich am zweckmäßigsten untergebracht: in einem dunklen, kühlen, trockenen Raum. Wir müssen meist ausweichen auf einen Schrank, der aber an einem Ort mit konstanter Temperatur stehen sollte. Dörrgut sollte an einem luftigen Ort aufgehängt werden. Es ist bestimmt zweckmäßig, sich Gedanken über die Lagerung zu machen, bevor man sich ans Einmachen wagt!

Heiß Einfüllen, Sterilisieren, Pasteurisieren, Tyndallisieren, was ist das Zweckmäßigste?

Am wenigsten zeitraubend ist das Heiß Einfüllen (Einmachgut kochend heiß in heiß ausgespülte Gläser füllen, sofort verschließen). Besonders bei Verwendung von kleinen Gläsern ist diese Einmachart am empfehlenswertesten. Zudem ist hier der Aroma- und Vitaminverlust am geringsten.

Sterilisieren und Pasteurisieren

heißt, das Einmachgut in verschlossenen Gläsern während einer bestimmten Zeit auf einer konstanten Temperatur zu halten und so eventuell vorhandene Bakterien abzutöten. Vorteil: Das Einmachgut ist länger und sicherer haltbar. Nachteil: größerer Aroma- und Vitaminverlust. Trotzdem empfehlenswert bei großen Gläsern (Tomatensugo, Spargeln).

Tyndallisieren

Dieses Verfahren habe ich einzig in älteren italienischen Kochbüchern gefunden. Hier wird das sterilisierte Einmachgut nach 24 Stunden noch ein zweites Mal erhitzt, ein Verfahren, das sich im heißeren italienischen Klima möglicherweise empfiehlt. Ich erwähne es hier nur der Vollständigkeit halber.

Hauptsache:

Ob Sie nun die eine oder andere Konservierungsart wählen: Am allerwichtigsten ist es, ganz sauber — ich wage sogar zu sagen steril — zu arbeiten. Das betrifft alle Arbeitsgänge: das Waschen und Putzen des Einmachgutes mit sauberen Werkzeugen oder Maschinen genau so wie die Reinlichkeit der Gläser, Deckel und Gummiringe.

Schließlich sollten alle Gläser beschriftet werden — nicht nur mit einer Inhaltsangabe, sondern auch mit dem Herstell- und (besonders beim Einmachen in Öl) auch mit einem Verfalldatum, das dem Verfalldatum des Öls entspricht.

Übrigens: Ich habe mich jahrelang geärgert über die Etiketten, die sich so schlecht von den Gläsern wieder ablösen lassen. Wenn man die Gläser über Nacht in kaltes Wasser legt, ist das kein Problem mehr.

Einmachen in Öl

Öl schließt unser Einmachgut luftdicht ab. Das heißt, es muß dieses gut bedecken.

Für «südliche» Gemüse wie Tomaten, Peperoni (Paprika), Auberginen verwende ich am liebsten Olivenöl. Wer den typischen Geschmack nicht mag, kann ohne weiteres Sonnenblumenöl verwenden.

Öl an sich ist aber nicht jahrelang haltbar. Deshalb beachtet man das Verfalldatum auf den Ölpackungen und verwendet möglichst frisches Öl.

Die einzumachenden Gemüse sollten möglichst trocken sein. Lagerung der Gläser dunkel, trocken und nicht zu kühl (nicht unter 6° C), weil das Öl sonst stockt. Passiert das trotzdem, so muß man es vor dem Servieren warm werden lassen.

Wichtig: Zwischen der Öl-Oberfläche und dem Deckel muß ein Abstand von 1 – 3 cm (je nach Größe des Glases) belassen werden. Sich erwärmendes Öl dehnt sich aus und tritt auch aus bestens verschlossenen Gläsern aus.

Wegen der relativ kurzen Haltbarkeit des Öls gebe ich dem Einmachen in Essig bei weitem den Vorzug.

Genaue Ölmengen anzugeben ist schwierig. Sie hängen ja von der Größe und Form des Einmachglases ab. Deshalb ist es wichtig, eine genügend große Ölmenge zur Verfügung zu haben.

1 Pilze in Öl

500 g kleine Pilze
(Champignons,
Eierschwämme) — putzen, überbrausen. Nur größere Exemplare zerschneiden.

600 ml Wasser
400 ml Weißweinessig
1 KL Salz
1 Bund Petersilie
2 Knoblauchzehen — miteinander aufkochen. 5 Min. köcheln lassen. Die Pilze beigeben, 5 Min. köcheln, 30 Min. auf der ausgeschalteten Kochplatte lassen. Abseihen, abtropfen lassen, Petersilie und Knoblauch entfernen. Die Pilze auf einem Küchenpapier trocknen, in ein mit heißem Essig-Salzwasser (2 EL Essig, 2 EL Salz auf 1 l kochendes Wasser) ausgespültes Schraubdeckelglas geben.

Sonnenblumenöl — darübergießen, bis die Pilze ganz davon bedeckt sind.
Eventuell, aus Dekorationsgründen,

1 Lorbeerblatt — längs ins Glas geben.
Gut verschließen, dunkel, kühl und trocken lagern.
Drei bis vier Monate haltbar.

Notizen

---

2 Knoblauch in Öl

Das Geschenk für eilige Hausfrauen, erspart es ihnen doch das Schälen und Hacken von Knoblauch:
Eine beliebige Menge Knoblauchzehen schälen, ganz fein hacken (am besten mit dem Wiegemesser), nicht zerdrücken! In ein mit heißem Essig-Salzwasser (2 EL Essig, 2 EL Salz auf 1 l kochendes Wasser) ausgespültes Glas geben. So viel Olivenöl darüberschütten, daß das Öl mindestens einen Zentimeter über dem Knoblauch steht.
Entweder verwendet man zum Kochen nur das Öl (das man sofort durch frisches Öl ersetzt) oder Öl und Knoblauchstückchen.

Notizen

3 Kräuter in Öl

Sie sehen zwar dekorativ aus, die Ölflaschen, in denen ein frischer Kräuterzweig steckt, aber sobald dieser Zweig nicht mehr ganz vom Öl bedeckt ist, beginnt er zu schimmeln. Dem kann man abhelfen, indem man immer wieder Öl zugießt oder aber den Zweig nach drei Wochen «Einwirkzeit» entfernt. Falls man das Öl verschenken will, sollte man auf der Etikette einen entsprechenden Hinweis machen. Wichtig: Die Kräuter müssen vor dem Einlegen ganz trocken sein. Olivenöl oder Sonnenblumenöl eignen sich am besten.

Folgende Kräuter eignen sich besonders zum Einlegen ganzer Zweige in Öl:

Rosmarin	(evtl. zusammen mit Knoblauch)
Salbei	(evtl. zusammen mit Knoblauch)
	Hier gibt man einen oder zwei Zweige in hübsche Ölflaschen. Das Öl muß die Kräuter ganz bedecken.
Basilikum	ist aber besonders schimmelanfällig, deshalb empfiehlt sich dafür eine andere Methode. Basilikumblätter waschen, gut trocknen, grob zerschneiden, in den Mixer geben. So viel Olivenöl dazugeben, daß das Mixmesser gut damit bedeckt ist. Fein mixen. In ganz saubere, mit heißer Essig-Salzlösung (2 EL Essig, 2 EL Salz auf 1 l kochendes Wasser) ausgespülte Schraubdeckelgläser füllen. Nach einem Tag nochmals etwas Öl auffüllen. Fest verschließen, dunkel, kühl und trocken lagern. So eingemachter Basilikum schmeckt auch im Frühling noch absolut gartenfrisch.

Notizen

4 Eingelegte Peperoni (Paprika) mit Zitrone

Welche Farbe die zu verwendenden Peperoni (Paprika) haben, spielt eigentlich keine Rolle. Da aber das Auge auch mitißt, verwende ich zu den gelben Zitronenscheiben rote oder grüne Peperoni für das nachstehende Rezept: Das Gemüse waschen, Stielansatz entfernen, der Länge nach achteln, Kerne herauskratzen.

Für 1 kg
Peperoni (Paprika):
1/4 l herben Weißwein
1/2 l Wasser
Saft von 3 Zitronen
4 Knoblauchzehen
2 Thymianzweige
1 KL Salz
1 KL Pfefferkörner
200 ml Olivenöl — miteinander aufkochen, 10 Min. köcheln lassen.

1 Zitrone — waschen, in Scheiben schneiden. Zusammen mit den Peperonischnitzen in den Sud geben, 10 Min. köcheln. Die Schnitze und die dem Glasrand entlang hochgestellten Zitronenscheiben in mit heißem Essig-Salzwasser (2 EL Essig, 2 EL Salz auf 1 l kochendes Wasser) ausgespülte Schraubdeckelgläser füllen. Den Sud kochend darüberschütten. Die Gläser in eine Auflaufform stellen, diese zu 2/3 mit kochendem Wasser füllen, im auf 100° C vorgeheizten Backofen 60 Min. sterilisieren. Im Backofen auskühlen lassen.

Notizen

23

5 Gebratene Peperoni (Paprika)

Das Gemüse waschen, trocknen, Stielansatz entfernen, vierteln, Kerne entfernen.

Für 1 kg vorbereitete Peperonischnitze erhitzt man

500 ml Olivenöl

Die Peperonischnitze in zwei bis drei Portionen so lange braten, bis sie sich am Rand zu bräunen beginnen. Man hebt sie mit einem Schaumlöffel aus dem Öl und legt sie in mit heißem Essig-Salzwasser (2 EL Essig, 2 EL Salz auf 1 l kochendes Wasser) ausgespülte Schraubdeckelgläser. In jedes Glas gibt man

1 Lorbeerblatt

Zum zurückgebliebenen Öl gibt man

200 ml Rotweinessig
1 KL Salz
1 daumenlanges Stück
Meerrettich

gewaschen, geschält, in feine Stücke geschnitten.

Man kocht alles auf, gibt den Sud kochend über das Gemüse. Das Gemüse muß vom Sud vollständig bedeckt sein. Evtl. noch Öl nachgießen.

Sofort verschließen, dunkel, kühl und trocken lagern.

Als Belag für Pizza oder als Gemüse zu Gulasch (kalt oder warm serviert) verwenden.

6 Auberginen (Eierfrüchte) in Öl

Auberginen (Eierfrüchte) waschen, Stielansatz entfernen, in 1 cm dicke Scheiben schneiden. Diese so zerteilen, daß sie sich gut in Schraubdeckelgläser füllen lassen.
Die nachstehenden Mengen gelten für 1 kg Auberginen (Eierfrüchte):

500 ml Weißweinessig
mit
1 EL Salz
1 Msp. Muskat gerieben
6 Gewürznelken
1 KL Pfefferkörner
1/2 Zimtstange

aufkochen.
Die Gemüsescheiben partienweise 3 Min. darin köcheln lassen, mit dem Schaumlöffel herausheben, in mit heißer Essig-Salzlösung (2 EL Essig, 2 EL Salz auf 1 l kochendes Wasser) ausgespülte Schraubdeckelgläser geben. Die Gewürze dabei in die einzelnen Gläser verteilen.
Auskühlen lassen.
Über das Gemüse so viel

Olivenöl

geben, daß es vollständig damit bedeckt ist.
Gläser verschließen.
Dunkel, kühl und trocken aufbewahren.
4 – 6 Monate haltbar.

Notizen

25

Einmachen in Essig

Das Prinzip ist einfach: Säure verhindert, daß Bakterien sich ausbreiten können. Als Faustregel gilt ein Verhältnis von 50 % Essig und 50 % Wasser. Essigkonserven sollten kühl und trocken gelagert werden. Wer schlechte Lagermöglichkeiten hat, kann in Essig eingelegtes Gemüse noch sterilisieren (siehe «Spargeln in Essig», Seite 31).

Für Essig-Gemüse kann man problemlos Gläser und Deckel verwenden, die schon einmal gebraucht worden sind. Wichtig ist, daß sie ganz sauber sind. Die Deckel kocht man zur Sicherheit noch zehn Minuten aus. Und ebenso wichtig ist, daß sie luftdicht schließen.

Essig ist aber nicht gleich Essig.

Natürlich könnte man auch Essig aus Essig-Essenz zubereitet verwenden. Aber da ist einerseits die Unfallgefahr (Essig-Essenz ist sehr ätzend), andererseits der (für mich wenigstens) abscheuliche Geschmack. Ich verwende am liebsten einen guten Weißweinessig oder Apfelessig. Beide sind relativ geschmacksneutral und lassen das Einmachgut erkennen. Rotweinessig ist für ganz bestimmte Rezepte bestimmt, wo der typische Rotweingeschmack das Einmachgut noch verfeinert (z. B. eingelegter Tomatensalat, siehe Rezept S. 57).

Wichtig: Der Essigsud muß das Einmachgut ganz bedecken!

Genaue Essigsud-Mengen anzugeben ist schwierig. Sie hängen ja von der Größe und Form des Einmachglases ab. Deshalb ist es von Vorteil, eine genügend große Essigmenge zur Verfügung zu haben. Eventuell muß man noch mehr Flüssigkeit beigeben. Das Verhältnis Wasser/Essig sollte aber gleich sein wie im entsprechenden Rezept.

7 Kräuteressig

Mit Vorteil verwendet man Apfel- oder Weißweinessig, um ihn mit bestimmten Kräuteraromen zu parfümieren. Erstens hat der Rotweinessig meist zuviel Eigengeschmack, der den Geschmack des Krautes nicht richtig zur Geltung kommen läßt, zweitens sehen die Kräuterzweige im hellen Essig dekorativer aus.

Folgende Küchenkräuter eignen sich besonders gut zum Einlegen in Essig:

Pfefferminze	für grünen Salat
Dillkronen	
(soeben abgeblüht)	für grünen Salat, Gurkensalat
Estragon	für Sauce Béarnaise
Thymian	für Grillmarinade
Selleriekraut	für Tomatensalat

Man gibt – je nach Flaschengröße, einige wenn möglich am späten Vormittag gepflückte Zweige ins Gefäß, gießt den Essig darüber und läßt das Ganze vor dem Gebrauch zwei bis drei Wochen stehen. Wenn der Geschmack zu intensiv wird, entfernt man das Kraut.

Notizen

8 Himbeeressig

Viele Himbeeressig-Rezepte haben den Nachteil, daß die Haltbarkeit des Essigs sehr beschränkt ist. Logisch: durch den Zusatz der wasserhaltigen Beeren wird der Säuregrad zu sehr vermindert. Beim nachstehenden Rezept wird diese Tatsache berücksichtigt, indem man Essigsäure zusetzt.

100 g Himbeeren	in eine weiße 1 l-Flasche geben
300 ml Apfelessig	dazugeben. Die Flasche verschließen, 10 Tage an der Sonne stehen lassen, dabei täglich einmal gut durchschütteln. Abseihen.
250 ml herben Weißwein	und
50 ml Essigsäure 30 %	
(Apotheke)	dazugeben, abfüllen.

Himbeeressig schmeckt besonders fein zu Nüsslisalat (Feldsalat) in Kombination mit Walnußöl, zu Wild oder zu Rotkraut.

9 Würzgurken

1 kg	
möglichst kleine Gurken	waschen, abwechslungsweise mit
3 EL Salz	in einen Steinguttopf oder ein Einmachglas schichten. Mit
1 l Wasser	bedeckt 24 h ziehen lassen. Abseihen.
1 daumenlanges Stück	
Meerrettich	schälen, fein raffeln oder schneiden.
3 Estragon- und	
6 Dillzweige	
1/2 KL schwarze	
Pfefferkörner	
1/2 KL Cayennepfeffer	abwechslungsweise mit den Gurken in ein mit heißer Essig-Salzlösung (2 EL Essig, 2 EL Salz auf 1 l kochendes Wasser) ausgespültes Schraubdeckelglas oder einen Steinguttopf schichten.
400 ml Wasser	
400 ml Weißweinessig	
2 EL Zucker	
1/2 KL Salz	miteinander 5 Minuten kochen. Heiß über die Gurken gießen. Sofort verschließen. Dunkel und kühl aufbewahren.

Notizen

10 Spargeln in Essig

Weiße oder grüne Spargeln, möglichst vom gleichen Durchmesser, werden gewaschen. Die weißen werden vom Ende zum Kopf geschält. Die grünen müssen nicht geschält werden. Man schneidet die Enden der Spargeln so weg,* daß gleichmäßig lange Stücke entstehen, die man den zur Verfügung stehenden Gläsern anpaßt (möglichst hohe Gläser verwenden). Die Deckflüssigkeit muß letztlich 1 cm über den Spargeln stehen können.

Die Spargeln mit einem Bindfaden so bündeln, daß ein Bündel in einem Glas Platz hat. Abwägen!

In einem großen Kochtopf leicht gesalzenes Wasser mit etwas Zitronensaft aufkochen. Die Spargelbündel 3 Min. blanchieren.

Bindfaden entfernen und Bündel in die heiß ausgespülten Gläser stellen.

*Auf 1 kg Spargel
nimmt man
700 ml Weißweinessig
700 ml Wasser
3 Gewürznelken
1 Lorbeerblatt
5 Pfefferkörner
1 KL Salz*

Alles miteinander aufkochen, abseihen, nochmals aufkochen, über die Spargeln geben. Mit Schraubdeckeln verschließen. Die Gläser in eine Auflaufform stellen. Diese zu 2/3 mit heißem Wasser füllen. Im auf 100° C vorgeheizten Backofen 1 h sterilisieren. Im Backofen auskühlen lassen. Kühl und trocken lagern.

---

* Verwendung von Spargelabfällen siehe gedörrte Spargelabfälle, Seite 87.

11 *Giardiniera*

«Giardiniera» heißt «Gärtnerin» – und damit ist eigentlich schon alles erklärt. Eine «Giardiniera» macht man aus dem, was der Garten hergibt. Wie man es mischt, spielt keine Rolle – aber an einige Richtlinien sollte man sich halten:

- Die einzumachenden Gemüse waschen, evtl. schälen, evtl. in Stücke schneiden. Jede Sorte für sich.
- Mit Ausnahme von Gurken in einer Lösung von halb Weißweinessig und Wasser al dente kochen. (Karotten und Sellerieknollen brauchen ca. 10 Min., Blumenkohl und Fenchel 5 Min., Peperoni (Paprika) und Kirschtomaten [Haut mit einer Nadel einige Male einstechen] 3 Minuten).
- Gurken kocht man in unverdünntem Weinessig (je nach Größe 3 – 5 Min.).

Die Gemüse werden mit dem Schaumlöffel aus dem Essigwasser genommen und lagenweise in mit heißem Essig-Salzwasser (2 EL Essig, 2 EL Salz auf 1 l kochendes Wasser) ausgespülte Schraubdeckelgläser geschichtet; dabei auf farbliche Abwechslung achten.

Schließlich wird frischer, unverdünnter Weinessig aufgekocht und über die Gemüse gegossen. Die Flüssigkeit sollte das Gemüse vollständig bedecken.

Sofort verschließen. Dunkel, kühl und trocken lagern.

Notizen

12 Eingelegter Knoblauch

4 – 5 Knoblauchknollen   in Zehen zerteilen. Diese schälen.
300 ml Weißweinessig
1 Gewürznelke
3 Lorbeerblätter
1 KL getrockneter
Rosmarin
1 Msp. Salz
10 Pfefferkörner
1 KL Zucker   miteinander aufkochen.
Die Knoblauchzehen beigeben, 3 Min. kochen. Sud und Knoblauch in mit Essigwasser (2 EL Essig, 2 EL Salz auf 1 l kochendes Wasser) heiß ausgespülte Gläser geben.
Der Sud muß den Knoblauch gut bedecken.
Die Schraubdeckel mit
3 EL Essig   ausspülen. Sofort festschrauben.
Auskühlen lassen.
2 Monate haltbar.

Notizen

13 Broccoli-Blumenkohl-Pickles

Gemüse	vom Strunk und den Blättern befreien, in möglichst gleich große Röschen zerteilen. 10 Min. in leichtes Salzwasser legen. Auf
600 g Röschen *2 l Wasser* *1 EL Salz*	rechnet man Aufkochen, die Röschen beigeben. Broccoli 3 Min., Blumenkohl 5 Min. blanchieren. Mit dem Schaumlöffel aus dem Sud heben.
1/2 l Weißweinessig *1 KL Salz* *1/4 l Wasser* *1 EL Zucker* *1 EL Senfkörner** *1 EL weiße Pfefferkörner*	miteinander aufkochen. Gemüse beigeben, aufkochen. Die Röschen mit dem Schaumlöffel herausheben. In Schraubdeckelgläser abfüllen, die mit Essig-Salzwasser (2 EL Essig, 2 EL Salz auf 1 l kochendes Wasser) ausgespült sind. Pro Glas
1 Lorbeerblatt *1 Knoblauchzehe* *2 Lagen Zwiebelringe*	beigeben. Den Sud nochmals aufkochen, bis zum Glasrand einfüllen. Sofort verschließen.

---

* In der Apotheke erhältlich.

14 Rüebli (Karotten) in Essig

Karotten
Weißweinessig
Lorbeer
Salz, Pfefferkörner

Ganz gesunde Karotten waschen, schaben oder schälen. In dünne Rädchen oder Streifen schneiden. In kochendem Salzwasser fünf Minuten blanchieren. Abfüllen in mit heißem Essig-Salzwasser (2 EL Essig, 2 EL Salz auf 1 l kochendes Wasser) ausgespülte Schraubdeckelgläser. In jedes Glas ein Lorbeerblatt und einige Pfefferkörner geben. Mit Weißweinessig so auffüllen, daß die Flüssigkeit 1 cm über den Karotten steht. Verschließen. Kühl und trocken aufbewahren.
Haltbarkeit 8 Monate.
Weniger saure Variante: Halb Essig halb Wasser kochend über die Rüebli geben.
Haltbarkeit 4 Monate.

Kalt oder in etwas frischer Butter gedämpft zu gekochtem Rindfleisch servieren.

15 Auberginen (Eierfrüchte) in Essig

Auberginen (Eierfrüchte) waschen, Stielansatz entfernen, in kleinfinger-
große Streifen schneiden.
Die nachstehenden Mengen gelten für 1 kg Auberginen (Eierfrüchte):

2 EL Salz über die Auberginenstreifen streuen, von
Hand etwas mischen, 30 Min. stehen lassen.
Den Saft wegschütten.

500 ml Weißweinessig
1 EL Zucker miteinander aufkochen. Die Auberginen
5 Min. darin köcheln lassen. Die Gemüsestreifen mit dem Schaumlöffel in mit heißem
Essig-Salzwasser (2 EL Essig, 2 EL Salz auf
1 l kochendes Wasser) ausgespülte Schraubdeckelgläser füllen.
Dem Sud

2 EL Olivenöl
2 Gewürznelken
2 EL Schnittlauch,
fein gehackt
2 EL Oregano,
fein gehackt
2 Knoblauchzehen,
gehackt beigeben, aufkochen.
Heiß über die Gemüsestreifen geben. Sie
sollten ganz damit bedeckt sein. Sofort verschließen. Kühl und trocken aufbewahren.
Haltbarkeit 6 Monate.

Notizen

16 Eingemachter Lauch

Von schönen Lauchstangen den Wurzelansatz wegschneiden. Je nach Größe des vorgesehenen Einmachglases mit Schraubdeckel, gleichmäßig lange Stücke schneiden. (Grüne Teile zu Suppengrün verarbeiten, siehe Rezept «Suppengrün in Salz, Seite 92). Die Stangen waschen.

Für 1 kg Lauch:
1 l Wasser
1 KL Salz
300 ml Weißweinessig
1 KL Pfefferkörner
2 Lorbeerblätter

miteinander aufkochen.
Den Lauch beigeben, 10 Min. köcheln lassen. Mit dem Schaumlöffel herausheben, in die mit heißem Essig-Salzwasser (2 EL Essig, 2 EL Salz auf 1 l kochendes Wasser) ausgespülten Gläser legen.
Etwa die Hälfte des Kochsuds wieder aufkochen, beigeben, 5 Min. köcheln lassen, sofort über den Lauch geben. Das Gemüse muß vom Sud vollständig bedeckt sein.
Sofort verschließen, dunkel, kühl und trocken lagern.

Im Sud erhitzt oder kalt zu kurzgebratenem Fleisch servieren.

Süß-sauer Einmachen

Süß mit Zucker oder Honig, sauer mit Essig, scharf mit Senfpulver oder Cayenne-Pfeffer: ein weites Feld für passionierte Pröblerinnen – und gleichzeitig unzählige Verwendungsmöglichkeiten für Früchte und Gemüse mit relativ wenig Eigengeschmack: Kürbis, Zucchetti (Zucchini), Gurken, grüne Tomaten, Äpfel …
Chutneys sollen eigentlich aus der indischen Küche stammen und via England zu uns gekommen sein. Sie bereichern die Saucen-Auswahl bei Fleischfondues wie bei gekochtem Rindfleisch. Chutney-Fans versuchen sie aber auch zu Trockenreis.

17 Gewürzte Mandarinen

Man füllt probehalber ein beliebig großes Einmachglas mit Klammer oder Schraubdeckel mit Mandarinen.

Für 10 Mandarinen
nimmt man:
1 Msp. Natron
1/2 Zimtstange
1 daumengroßes Stück
Ingwer
gewaschen, geschält, in
Stücke geschnitten
300 ml Weißweinessig
250 g Zucker
10 Gewürznelken

Die Mandarinen mit einer Gabel mehrmals tief einstechen, mit Wasser bedecken. Natron beigeben. Zum Kochen bringen und gut 10 Minuten sprudelnd kochen. Zimt, Ingwer und Nelken lose in ein Kaffee-Filterpapier binden und alles im Essig während 20 Minuten kochen. Gewürzbeutel entfernen, Zucker beigeben und weitere 20 Min. köcheln.
Die Früchte in ein ganz sauberes, mit heißer Essig-Salzwasserlösung (2 EL Essig, 2 EL Salz auf 1 l kochendes Wasser) ausgespültes Glas schichten, die Gewürzlösung darüberschütten und sofort verschließen.

Notizen

18 Süß-saure Zwetschgen

1 kg Zwetschgen — waschen, entstielen, mit Küchenpapier trockenreiben, mit einer Stricknadel ringsum einige Male einstechen.

250 ml Rotweinessig — und

250 ml Weißweinessig — (man kann auch nur eine Essigsorte nehmen)

6 EL Zucker

6 Gewürznelken

1/2 Zimtstange — miteinander aufkochen. Auf ganz kleinem Feuer 5 Min. köcheln lassen.
Die Zwetschgen mit dem Schaumlöffel in mit heißem Essig-Salzwasser (2 EL Essig, 2 EL Salz auf 1 l kochendes Wasser) ausgespülte Gläser geben.
Den Sud gut zur Hälfte einkochen lassen, abseihen, nochmals aufkochen, über die Zwetschgen geben. Sofort verschließen.

Notizen

19 Tomaten-Apfel-Chutney amerikanisch

500 g Äpfel, auch unreife	waschen, schälen, vierteln, Stiel, Kerngehäuse und Fliege entfernen, die Schnitze in feine Scheiben schneiden. Weichkochen in
200 ml Weißweinessig *100 ml Wasser*	und
500 g Tomaten	waschen, Stielansatz entfernen, Stück für Stück auf einem Schaumlöffel 1 Min. in kochendes Wasser halten, schälen, klein schneiden, beigeben.
750 g Zucker *200 ml Weißweinessig*	beigeben
1 große Zwiebel	schälen, fein hacken, beigeben.
100 g Rosinen *1 KL gelbes Senfpulver* * *1 KL Salz* *1 daumengroßes Stück* *Ingwerwurzel, schälen,* *fein reiben* *5 Gewürznelken*	
1 Msp. Cayennepfeffer	nach und nach beigeben. Auf kleinem Feuer zu einem dicken Mus kochen. Rühren! In mit heißem Essig-Salzwasser (2 EL Essig, 2 EL Salz auf 1 l kochendes Wasser) ausgespülte Schraubdeckelgläser füllen. Sofort verschließen. Kühl und trocken lagern.

---

* In der Apotheke erhältlich.

20 Tomaten-Chutney

500 g reife Tomaten	waschen, Stielansatz entfernen, Stück für Stück auf einer Schaumkelle 1 Min. in kohendes Wasser halten, schälen, klein schneiden.
500 g unreife Tomaten	waschen, Stielansatz entfernen, mit dem Sparschäler schälen, klein schneiden.
2 große Zwiebeln	schälen, fein hacken.
8 Knoblauchzehen	schälen, fein hacken.
1 EL Sonnenblumenöl	heiß werden lassen, Zwiebel und Knoblauch glasig dämpfen, Tomatenstücke beigeben, köcheln lassen, gelegentlich umrühren.
6 EL Zucker	
250 ml Weißweinessig	
1 KL Salz	beigeben.
6 Zweige Stangensellerie	waschen, in Streifen schneiden, beigeben.
1 Bund Petersilie	waschen, fein hacken, beigeben.
1 KL Koriander, gemahlen	
1 KL Pfeffer, gemahlen	
3 Chilischoten, zerbröselt	
2 Lorbeerblätter, zerbröselt	beigeben. Alles auf kleinem Feuer kochen, bis es zu einem dicken Mus geworden ist. Rühren! In mit heißem Essig-Salzwasser (2 EL Essig, 2 EL Salz auf 1 l kochendes Wasser) ausgespülte Schraubdeckelgläser füllen. Sofort verschließen. Dunkel, kühl und trocken aufbewahren.

Notizen

43

21 Kürbis-Chutney

Kürbis schälen, Kerne entfernen, Fleisch in möglichst kleine, gleichmäßig große Würfel schneiden. Beiseite stellen.

Auf 1 kg Kürbiswürfel
nimmt man:

100 g Mandeln	mit kochendem Wasser übergießen, einige Minuten stehen lassen, schälen, hacken.
4 Knoblauchzehen	schälen, hacken.
1 – 4 daumengroße	
Stücke frische	
Ingwerwurzel	schälen, raffeln.
100 g Rosinen	
1 EL Pfefferkörner	
abgeriebene Schale	
einer Zitrone	
1/2 KL Zimtpulver	
1/2 KL Nelkenpulver	
1 KL gelbes Senfpulver *	
2 Chilischoten, getrocknet	zerreiben.
1/2 KL Salz	
	Die Kürbiswürfel mit
250 ml Weißweinessig	15 Min. köcheln. Alle übrigen Zutaten beigeben. 1 Std. köcheln, ständig rühren, brennt sonst an!
100 ml Essig	nach und nach noch beigeben. Kochend in mit heißer Essig-Salzlösung (2 EL Essig, 2 EL Salz auf 1 l kochendes Wasser) ausgespülte Schraubdeckelgläser geben. Sofort verschließen.

---

* Erhält man in der Apotheke!

22 Schalotten in Wein

1 kg möglichst
kleine Zwiebeln
oder Schalotten · · · · · · mit kochendem Wasser begießen, schälen.
1 l Wasser
1 KL Salz · · · · · · · · · · · aufkochen, die Zwiebeln beigeben, 5 Minuten köcheln lassen. Wasser abgießen.

250 ml herben Weißwein
100 ml Weißweinessig
150 ml Wasser
6 EL Zucker
1 EL Salz · · · · · · · · · · · miteinander aufkochen.
2 Knoblauchzehen
gehackt
1 KL Pfefferkörner · · · · · beigeben.
10 Salbeiblätter
2 Lorbeerblätter · · · · · · abwechslungsweise mit den Zwiebeln in mit heißer Essig-Salzlösung (2 EL Essig, 2 EL Salz auf 1 l kochendes Wasser) ausgespülte Schraubdeckelgläser geben. Den heißen Sud darübergeben. Sofort verschließen. Kühl und trocken aufbewahren.

Notizen

45

23 Kürbis oder Zucchetti (Zucchini) nach Onkel Arthurs Rezept

Kürbis in Schnitze zerteilen. Von diesen die Schale und das Kerngehäuse mitsamt den Fasern entfernen, Fruchtfleisch in Scheibchen schneiden. Abwägen, Zucchetti (Zucchini) waschen, schälen, in Scheiben schneiden oder auf der Röstiraffel raffeln. Abwägen.

Auf ein kg Fruchtfleisch nimmt man	
1 kg Zucker	und mischt diesen mit den Schnitzen.
1 Zitrone	mit dem Sparschäler abschälen. Die Schale und den Saft unter die Früchte mischen. Mit einem Teller beschwert über Nacht stehen lassen.
	Am nächsten Tag alles aufkochen. So lange köcheln lassen, bis die Fruchtstücke leicht glasig sind. Sie mit dem Schaumlöffel aus dem Saft heben und in heiß ausgespülte Schraubdeckelgläser füllen.
	Zitronenschale noch im Saft lassen!
2 fingerlange Stücke Ingwerwurzel	schälen, fein raffeln, zum Sirup geben, ebenso
1 Msp. Cayennepfeffer	beifügen.
	Alles nochmals 5 Minuten kochen.
	Die Zitronenschalen in die einzelnen Gläser verteilen. Den Saft darübergießen. Sofort mit heiß ausgespülten Deckeln verschließen. Der Saft muß die Fruchtstücke bedecken. Falls zuwenig Saft vorhanden ist, 200 g Zucker mit 100 ml Wasser aufkochen. Sobald der Zucker geschmolzen ist, in die Gläser verteilen.

24 Süß-saure Zucchetti (Zucchini) «Expreß-Rezept»

Zucchetti (Zucchini) waschen, Stielansatz und Spitze abschneiden. Große Exemplare, deren Haut zäh ist, schälen. Die Gemüse in 5 mm dicke Scheiben, dann evtl. (je nach Größe der verwendeten Gläser) in Schnitze teilen, abwechslungsweise mit

Knoblauch	geschält, in Scheiben geschnitten,
Rosmarin	gewaschen,
Salbei	gewaschen,
Thymian	gewaschen

in die mit heißem Essig-Salzwasser (2 EL Essig, 2 EL Salz auf 1 l kochendes Wasser) gespülten Schraubdeckelgläser schichten.

Pro Kilogramm Zucchetti
1 l Weißweinessig
1/2 l Wasser
1 KL Pfefferkörner
1 KL Korianderkörner
1 EL Salz
6 EL Zucker u.
1/2 l Wasser
aufkochen. Köcheln, bis sich der Zucker aufgelöst hat. Zucchetti beigeben, wieder aufkochen, über die Zucchettischeiben geben. Sie müssen ganz mit dem Sud bedeckt sein. Die gut verschlossenen Gläser in eine Auflaufform stellen, diese zu 2/3 mit kochendem Wasser füllen. Backofen auf 100° C vorheizen, während 1 Std. sterilisieren. Im Backofen auskühlen lassen. Kühl und trocken aufbewahren.

Notizen

25 Süß-sauer eingelegte Gurken oder grüne Tomaten

Gurken oder Zucchetti (Zucchini) waschen, schälen, in fingerlange Streifen schneiden.
Grüne Tomaten (solche, die, weil es zu spät im Jahr ist, nicht mehr reif werden können) waschen, Stielansatz entfernen, ringsum mit einer Nähnadel einstechen.

1. Tag
Gemüse wägen, in einen Steinguttopf schichten.

Auf 1 kg rechnet man:
300 ml Weißweinessig
200 ml Rot- oder
Weißwein
500 g braunen Zucker   Diese Zutaten kocht man miteinander auf.
1 Zimtstengel
5 Pfefferkörner
1 – 2 Lorbeerblätter
3 Nelken   beigeben.
1 fingergroßes Stück
Ingwer   schälen, beigeben.
Schale einer Zitrone   in Streifen schneiden, beigeben.
                                Einige Minuten köcheln, dann über die Früchte gießen. (Sie sollten damit ganz bedeckt sein). Eventuell noch etwas Wein beigeben.

2. Tag
Saft abgießen, aufkochen, 5 Min. köcheln lassen, abkühlen lassen, wieder über das Gemüse geben.

3. Tag

Saft und Gemüse in einem weiten Kochtopf aufsetzen. So lange köcheln lassen, bis die Stücke leicht glasig werden. Sie müssen aber immer noch «Biß» haben. Bei den Tomaten kocht man so lange, bis die Haut platzt. Nun schichtet man die Stücke in mit heißem Wasser ausgespülte Gläser. Dem Saft gibt man

*2 EL gelbes Senfpulver** bei und kocht ihn zu Sirupkonsistenz. Diesen Sirup abkühlen lassen und über das Gemüse geben. Verschließen.
Kühl und trocken aufbewahren.

Dieses Rezept läßt sich beliebig variieren. Z. B. indem man Ingwer oder Zitronenschale wegläßt oder zuletzt kein Senfpulver beigibt.
* Senfpulver erhält man in der Apotheke.

26 Peperoni (Paprika) süß-sauer

Möglichst verschiedenfarbige Peperoni (Paprika) waschen, Stielansatz entfernen, vierteln, Kerne entfernen. Die Gemüseschnitze mit einer Nadel oder spitzen Gabel mehrmals einstechen.

Auf 1 kg vorbereitete
Peperonischnitze
nimmt man:
1/2 l Wasser
1/2 l Weißweinessig
5 EL Zucker
1 KL Salz

Alles aufkochen, köcheln, bis sich der Zucker aufgelöst hat.
Das Gemüse beigeben, 2 Min. köcheln lassen. Mit einem Schaumlöffel in mit heißem Essig-Salzwasser (2 EL Essig, 2 EL Salz auf 1 l kochendes Wasser) ausgespülte Schraubdeckelgläser legen. Den Sud nochmals aufkochen.

Einige Estragonzweige

beigeben, 2 Min. köcheln, in jedes Glas einen Estragonzweig legen, dann mit dem kochenden Sud auffüllen. Das Gemüse muß vom Sud vollständig bedeckt sein.
Sofort verschließen, dunkel, kühl und trocken lagern.

Notizen

27 Honig-Senffrüchte

1 kg Äpfel	gewaschen, geschält, Stiel, Fliege und Kerngehäuse entfernt, in gleichmäßig große Schnitze zerteilt.
1 kg Birnen	wie Äpfel vorbereitet.
500 g Kürbis	gewaschen, geschält, Kerne entfernt, in feine Scheiben geschnitten.
200 g Orangeat + Zitronat	fein gewürfelt,
500 g getrocknete Pfirsiche oder Aprikosen	in kochendes Wasser geben und 5 Minuten köcheln lassen. Abseihen. Auf einem Küchenpapier trocknen. Alles 24 Stunden trocknen lassen. In Schraubdeckelgläser schichten.
1 l trockenen Weißwein	und
600 g Blütenhonig	aufkochen. Köcheln lassen, bis die Flüssigkeit im Faden vom Kochlöffel rinnt.
75 g gelbes Senfpulver *	dazurühren. Nochmals aufkochen. Über die Früchte geben. Heiß verschließen.

* In der Apotheke erhältlich!

51

28 Senffrüchte

1/4 l Weißwein *450 g Zucker* *Saft einer Zitrone*	miteinander verrühren und aufkochen. Rühren, bis der Zucker ganz aufgelöst ist. Abkühlen lassen.
500 g Äpfel	gewaschen, geschält, Kerngehäuse, Stiel und Fliege entfernt, in gleichmäßig große Schnitze zerteilt.
250 g Birnen *250 g Aprikosen* *250 g Kürbis* *250 g rote Trauben* *1 Gewürznelke* *1/2 Stange Zimt* *10 Pfefferkörner*	wie Äpfel vorbereitet. gewaschen, halbiert, Kern entfernt. geschält, in Würfel geschnitten. gewaschen, entstielt. zum Zuckersirup geben, aufkochen. Die Früchte sorgfältig beigeben, 15 Minuten köcheln lassen.
15 g gelbes Senfpulver *(Apotheke)* *2 EL Weißwein*	in auflösen, beigeben, nochmals umrühren, einmal aufkochen. Sofort abfüllen in mit Essig-Salzwasser ausgespülte Schraubdeckelgläser (2 EL Essig, 2 EL Salz auf 1 l kochendes Wasser). Sofort verschließen.

Notizen

29 Senffrüchte amerikanisch

3/4 l Weißweinessig
1/4 l herben Weißwein
500 g Zucker

mit
aufkochen. Köcheln lassen, bis sich der
Zucker aufgelöst hat.

2 daumengroße
Ingwerwurzeln
1 Zimtstange
12 Gewürznelken
4 EL gelbes Senfpulver
(Apotheke)
1 Ananasfrucht

geschält, in Scheibchen schneiden.

dazugeben, 5 Min. köcheln.
Stielansatz entfernen, schälen, vierteln, den
harten Strunk herausschneiden, die Schnitze
in 1 cm dicke Scheiben zertrennen, diese in
Stücke von der Größe einer getrockneten
Aprikose schneiden.

250 g Aprikosen
getrocknet
250 g Zwetschgen
getrocknet, ohne Stein
100 g Sultaninen
100 g Rosinen

zu der Essig-Senflösung geben. Einmal aufkochen, die Kochplatte ausschalten, die
Früchte 15 Min. auf der Platte stehen lassen.
Über Nacht ziehen lassen. Die Früchte mit
einem Schaumlöffel in mit heißem Essig-Salzwasser (2 El Essig, 2 EL Salz auf 1 l kochendes Wasser) ausgespülte Schraubdeckelgläser schichten. Sud 20 Min. einkochen lassen.

4 EL gelbes Senfpulver

dazurühren. Über die Früchte gießen. Sofort
verschließen. Dunkel, kühl und trocken aufbewahren.

Gemüse / Salate fixfertig

Heute sind wir es gewohnt, für eilig zuzubereitende Mahlzeiten zu fixfertig zubereiteten Speisen in der Dose oder im Glas zu greifen, die man im Supermarkt erstanden hat. Wieviel Geld läßt sich aber sparen, wenn man während der Haupterntezeit gekauftes Gemüse selbst fixfertig einmacht. Und nicht nur das: Beim selbst Eingemachten weiß man, was drin — und vor allem, was **nicht** drin ist. Bei den glücklichen Gartenbesitzern, die eigenes Gemüse verarbeiten, geht das noch einen Schritt weiter, weil die auch noch wissen, wie ihr Gemüse gedüngt und vor Schädlingen geschützt wurde.

30 Gemüse fixfertig

Karotten geschält	Blatt- und Wurzelansatz entfernt, in Stiftchen oder Rädchen geschnitten.
Bleichsellerie	Wurzelansatz entfernt, in Streifen geschnitten.
Stielmangold	mit dem Blattgrün, in Streifen geschnitten.
Fenchel	große Knollen geviertelt, in Streifen geschnitten.
Lauch	harte grüne Blätter und Wurzelansatz entfernt, in Rädchen geschnitten.

Die Gemüse (jede Art für sich) in viel kochendem Salzwasser (1 KL Salz auf 2 l Wasser) knapp al dente kochen, mit der Schaumkelle in mit heißem Essig-Salzwasser (2 EL Essig, 2 EL Salz auf 1 l kochendes Wasser) ausgespülte Schraubdeckelgläser füllen. So viel Brühe beigeben, daß das Gemüse knapp damit bedeckt ist.

Backofen auf 100° C vorheizen.

Die Gläser schließen, in eine Auflaufform stellen. Diese zu 2/3 mit kochendem Wasser füllen. Im vorgeheizten Backofen 1 1/2 Stunden sterilisieren, im Ofen auskühlen lassen. Am nächsten Tag nochmals 1 Std. sterilisieren. Kühl, dunkel und trocken aufbewahren. Haltbarkeit 6 Monate.

Als Gemüsebeilage servieren:
In etwas Butter aufwärmen, mit Salz und Pfeffer abschmecken und evtl. mit gehackten Kräutern bestreuen.

31 Tomatensalat fixfertig

1 kg Tomaten	gewaschen, Stielansatz entfernt, in Scheiben geschnitten.
1 Rippe Bleichsellerie	gewaschen, in Streifen geschnitten.
1 Peperoncino	gewaschen, Kerne entfernt, in Streifen geschnitten.
1 kleine Zwiebel	geschält, gehackt.
	Alles lagenweise in ein mit heißem Essig-Salzwasser (2 EL Essig, 2 EL Salz auf 1 l kochendes Wasser) ausgespültes Schraubdeckelglas oder einen Steinguttopf schichten.
300 ml Rotweinessig	
2 EL Zucker	
3 EL Senfkörner	
(Apotheke)	
1 KL Pfefferkörner	miteinander aufkochen, kochend über die Gemüse schütten, verschließen.
	Dunkel, kühl und trocken aufbewahren.
	Vor dem Servieren noch etwas
Olivenöl, Salz	beigeben und mit
gehackten Kräutern	bestreuen.

Wichtig:
Die Tomaten werden roh eingelegt und nicht erhitzt. Deshalb ganz, ganz sauber arbeiten. Einmachgut wöchentlich kontrollieren!

32 Kohlsalat fixfertig

Rezept eignet sich für Rotkohl und für Wirsing

Pro 1 kg
geputztes Gemüse:
1 1/2 EL Salz
1/2 l Apfel- oder
Weinessig
1/2 KL Nelkenpulver
1 KL Pfeffer, gemahlen
1/2 KL Muskatblüten,
gemahlen
1 EL Kümmel

Die äußerste Blattschicht des Kohls entfernen, den Strunk herausschneiden. Den Kohl in einzelne Blätter zerteilen, dabei die starken Blattadern entfernen. Die Blätter waschen, naß in möglichst feine Streifen schneiden. Abwechselnd Kohlstreifen und Salz in eine Schüssel schichten, dabei immer wieder stampfen (wie für milchsaures Gemüse, Seite 71). Über Nacht, mit einem Teller und einem Stein beschwert, Saft ziehen lassen.
Abseihen, gut auspressen. In mit heißem Essig-Salzwasser (2 EL Essig, 2 EL Salz auf 1 l kochendes Wasser) ausgespülte Schraubdeckelgläser schichten. Dabei möglichst gut zusammenpressen.
Den Essig und die Gewürze aufkochen. Kochend über den Kohl geben. Der Sud muß mindestens einen Zentimeter über den gepreßten Blättern stehen.
Gläser sofort verschließen.

Vor dem Servieren nach Belieben noch etwas Sonnenblumenöl, feingehackte Zwiebel, geraffelten Apfel und/oder gebratene Speckwürfelchen beigeben.

33 Zucchetti (Zucchini)-salat, fixfertig

Rezept eignet sich auch für Gurken

Zucchetti (Zucchini) waschen, große schälen, kleine kann man mit der Schale verarbeiten. In dünne Scheiben hobeln oder auf der Röstiraffel raffeln.

Pro kg geputztes Gemüse:
2 1/2 EL Salz
600 ml Weißwein- oder
Apfelessig
1 mittelgroße Zwiebel   in Ringe geschnitten
1 KL weißer Pfeffer   gemahlen
1 KL weiße Senfkörner
einige Dillzweige   gewaschen, zerzupft.

Die Zucchettischnitzel mit dem Salz vermischen und einige Stunden stehen lassen. In ein Gazetuch geben. Den Saft gut ausdrücken. Alle vier Tuchenden zusammennehmen und das ganze möglichst trocken ausschleudern.
Die Gemüseschnitzel in mit heißem Essig-Salzwasser (2 EL Essig, 2 EL Salz auf 1 l kochendes Wasser) ausgespülte Gläser schichten. Dill beigeben. Den Essig aufkochen, darübergießen. Gläser sofort verschließen.

Notizen

34 Randensalat fixfertig

Randen (Rote Bete) waschen, Wurzel so abschneiden, daß die Knollen gerade stehen. Blattansatz ebenfalls wegschneiden.
Die Randen dicht an dicht in eine Auflaufform stellen. Im auf 180° C vorgeheizten Backofen so lange schmoren, bis sie sich etwas eindrücken lassen (75 – 90 Min.).

Auf 2 kg Randen
nimmt man:
1 l Weißweinessig
200 ml Wasser
4 EL Zucker
2 KL Salz
2 EL Kümmel
2 EL Pfefferkörner   miteinander aufkochen.
2 Zwiebeln   schälen, fein hacken.
Pro Glas:
1 Gewürznelke
1 Lorbeerblatt
evtl.
2 EL Meerrettich   geschält, fein gehackt oder geraffelt bereithalten.

Die Randen sofort schälen, in Würfel schneiden. Gläser mit Schraubdeckel mit möglichst heißem Essig-Salzwasser (2 EL Essig, 2 EL Salz auf 1 l kochendes Wasser) ausspülen. Die Randenwürfel, die Zwiebel und die Gewürze lagenweise in die Gläser schichten. Essigwasser nochmals aufkochen, darübergeben. Sofort verschließen.

Senf und Saucen

Ein weites Gebiet für kreative Köchinnen und Köche!
Nirgends läßt sich mit Kräutern und Gewürzen besser pröbeln. Bei Senf ist die Basis die Mischung von Essig, Wasser, Zucker und Senfpulver, bei den Saucen ein Gemüse, das in Verbindung mit Salz Wasser zieht. Interessant, daß Senf und Würzsaucen praktisch die ersten fabrikmäßig hergestellten Lebensmittel waren. Entsprechend alt müssen deshalb die Kochbücher sein, in denen sich Rezepte für den Hausgebrauch finden. Einzige Ausnahme: Tomatensugo aus der italienischen Küche.

35 Kräutersenf

1 Zwiebel	geschält, in Schnitze geschnitten.
2 Knoblauchzehen	geschält, geviertelt.
1 Lorbeerblatt	
2 EL Majoran, gerebelt	
2 EL Salbei, getrocknet	
2 EL Thymian, getrocknet	
1 EL Estragon, getrocknet	in eine Schüssel (nicht Metall) geben, mit
1/2 l Weißweinessig	übergießen, 2 – 4 Tage zugedeckt an einem warmen Ort stehen lassen.
	Durch ein Tuch seihen.
300 ml Wasser	und
3 EL Zucker	aufkochen, köcheln, bis sich der Zucker aufgelöst hat. Zum Kräuteressig geben. Abkühlen lassen.
250 g gelbes Senfpulver	mit der Flüssigkeit zu einem Brei rühren.
125 g dunkle Senfkörner	
1/2 KL Nelkenpulver	
1/2 KL Zimt	
1/2 KL Korianderpulver	beigeben.
	In Schraubdeckelgläser abfüllen. Kühl aufbewahren. Vor Gebrauch 1 Monat lagern. Wünscht man den Senf weniger scharf: Zucker beigeben! Wünscht man ihn flüssiger: Weißweinessig beigeben!

Senfkörner und -pulver bekommt man in der Apotheke.

36 Scharfer Essig

4 Peperoncini	waschen, fein hacken.
2 Zwiebeln	schälen, fein hacken.
1 Rettich	raffeln.
	Alles in einen Steinguttopf geben.
1 EL Senfkörner	
(Apotheke)	
1 EL zerdrückte	
Pfefferkörner	
10 Gewürznelken	
5 Lorbeerblätter	dazugeben.
1 l Weißweinessig	darübergießen.
	Zugedeckt 4 Tage an der Sonne stehen lassen.
	Abseihen, in kleine Flaschen (wenn möglich mit Spritzöffnung) füllen.

Achtung: sehr scharf, tropfenweise verwenden.
Für Bolognese-Sauce, zu Ragout.

37 Tomaten-Ketchup

2 kg vollreife Tomaten	waschen, Stielansatz entfernen, je nach Größe halbieren, vierteln oder achteln.
2 große Zwiebeln	schälen, fein hacken.
3 Knoblauchzehen	schälen, durchpressen.
	Alles miteinander aufsetzen. Unter gelegentlichem Umrühren 15 Min. köcheln lassen. Unterdessen
250 ml Rotweinessig	
350 g Zucker	miteinander aufkochen.
20 g Salz	
1 EL frischen oder 1 KL getrockneten Oregano	
1 EL frischen oder 1 KL getrockneten Thymian	
1 EL frischen oder 1 KL getrockneten Rosmarin	
1 EL frischen oder 1 KL getrockneten Salbei	beigeben. Köcheln, bis sich der Zucker aufgelöst hat. Eventuell abseihen.
20 g Senfpulver (Apotheke)	beigeben.
	Das Tomaten-Zwiebelmark durch ein Sieb streichen, die Essig-Kräuterlösung dazugeben. Alles einkochen lassen, bis die Sauce die gewünschte Konsistenz erreicht hat. Sofort in heiß ausgespülte Flaschen abfüllen. Kühl und trocken gelagert 1 Jahr haltbar.

Notizen

38 *Tomatensugo*

Es geht doch nichts über Freilandtomaten, wenn möglich aus dem eigenen Garten. In meinem Haushalt werden frische Tomaten nur dann verwendet, wenn wir eigene haben. Mir fällt auf, daß im Winter gekaufte Tomaten alle praktisch dasselbe Gewicht haben (100 oder 200 g) und sehr, sehr lange haltbar sind. Mit welchen Manipulationen wurden sie so gezüchtet und mit welchen Konservierungsmitteln wurden sie behandelt? Kommt dazu, daß sie kaum nach Tomaten schmecken. Also: Dann einmachen, wenn es eigene oder zumindest Freilandtomaten aus dem eigenen Land gibt.

Die reifen (aber nicht überreifen) Tomaten waschen, den Stielansatz entfernen, je nach Größe vierteln oder achteln.

Möglichst gleich große 500 ml und 1 l-Einmachgläser mit Bügelverschluß oder Schraubdeckeln oder Weithalsflaschen mit Bügelverschluß bereitstellen, da je nach Glasinhalt kürzere oder längere Sterilisierzeiten beachtet werden müssen:

Für 1 kg vorbereitete	
Tomatenschnitzel	gibt man
2 EL Salz	und
1 KL gemahlenen Pfeffer	bei und dünstet das Gemüse ohne Wasserzugabe 15 Min. weich.

In die mit heißem Essig-Salzwasser (2 EL Essig, 2 EL Salz auf 1 l kochendes Wasser) ausgespülten Gläser oder Flaschen geben. Sofort verschließen.
Die Gefäße in eine Auflaufform stellen, diese zu 2/3 mit kochendem Wasser füllen.
Kleine Gefäße 1 Std., große 1 1/2 Std. im auf 100° vorgeheizten Backofen sterilisieren.
Im Backofen auskühlen lassen. Kühl und trocken lagern.

Notizen

39 Peperonata (Gemüsebeilage aus Paprika) fixfertig

Davon einen tüchtigen Vorrat zu haben, lohnt sich, denn dieses Gemüse ist äußerst vielseitig verwendbar. Ich verwende dafür 350 ml- und 1 l-Einmachgläser, da man je nach Glasinhalt kürzere oder längere Sterilisierzeiten beachten muß.

Das Gemüse waschen, Stielansatz entfernen, vierteln, Kerne entfernen. In 5 mm breite Streifen schneiden.

Für 1 kg vorbereitete
Peperonistreifen — erhitzt man
3 EL Olivenöl — Das Gemüse wird darin auf kleiner Flamme weich gedünstet (ca. 15 Min.). Häufig mit einer Bratschaufel wenden. Mit

1 KL Salz — und
1 KL gemahlenem Pfeffer — würzen.

In mit heißem Essig-Salzwasser (2 EL Essig, 2 EL Salz auf 1 l kochendes Wasser) ausgespülte Schraubdeckelgläser geben. Sofort verschließen.

Die Gläser in eine Auflaufform stellen, diese zu 2/3 mit kochendem Wasser füllen. Kleine Gläser 1 Std., große Gläser 1 1/2 Std. im auf 100° C vorgeheizten Backofen sterilisieren. Im Backofen auskühlen lassen. Kühl und trocken lagern.

Als Pizzabelag, als Gemüse, mit etwas Essig oder Zitronensaft als Salat, zu jeder kalten Platte verwendbar.

40 Zwiebelsauce

500 g Zwiebeln	schälen, hacken.
2 EL Salz	
2 EL Pfeffer	
2 EL Wacholderbeeren	
2 Lorbeerblätter	
1 EL Rosmarinnadeln	
2 EL Thymianblätter	in der Schüssel mit einer Gabel miteinander zerdrücken und vermengen. (Noch besser geht es in einem Porzellanmörser). Von Hand unter die Zwiebeln mengen und gut zerdrücken. Zugedeckt über Nacht stehen lassen.
1/2 l herben Weißwein	
4 EL Rotweinessig	beigeben. 4 Tage zugedeckt an einem kühlen Ort stehen lassen, dann durch ein nasses Gazetuch abseihen, aufkochen, abfüllen.

Spritzerweise anstelle von Suppen- und Saucengewürzen verwenden.

41 Pilzsauce

Dafür eignen sich alle Pilze mit Eigenaroma (Champignons, Austernpilze, gemischte Pilze).
Sie werden sauber geputzt, überbraust, grob zerschnitten, mit der entsprechenden Salzmenge (siehe unten) vermischt und mit den Händen zerdrückt. Man gibt diese Mischung in eine Schüssel, beschwert mit einem Teller und einem Stein und läßt das Ganze 3 Tage stehen. Täglich ein- bis zweimal umrühren. Dann abseihen.* Zusammen mit dem Weißwein und den Gewürzen 15 Min. kochen. Abfüllen. Pur oder mit etwas Rahm (Sahne) vermischt zum Verfeinern von Saucen oder zu Grilladen.

Auf ein Kilogramm Pilze
rechnet man:
2 KL Salz
200 ml Weißwein
1 Msp. Muskatnuß,
gemahlen
1 Msp. Nelkenpfeffer,
gemahlen
1 KL schwarzen Pfeffer,
gemahlen

* Der Pilz-Rückstand kann mit etwas Zwiebel und Speckwürfeln gedämpft (nicht mehr salzen!) und mit Rahm verfeinert als Omeletten-Füllung verwendet werden.

42 Süß-saure Sauce

1 daumengroßes Stück
Ingwerwurzel — schälen, ganz fein hacken.
2 Knoblauchzehen — schälen, durch die Presse geben.
1 EL Sonnenblumenöl — erhitzen, Ingwer und Knoblauch einige Min. darin dämpfen.

2 kleine Dosen
Tomatenmark
4 EL Sojasauce
4 EL Weißweinessig
5 EL Sherry
1 KL Salz
1 KL Tabascosauce
5 EL Zucker — dazurühren. Falls die Sauce zu dickflüssig ist, mit ganz wenig Wasser verdünnen. Heiß in heiß ausgespülte Fläschchen geben.
Sofort verschließen.
Kühl aufbewahrt 2 Monate haltbar.

Zu gedämpftem Fisch oder Fleisch eine orientalisch angehauchte Sauce.

Milchsaures Gemüse

Das Einsäuern von Gemüse – nicht nur Weißkohl für Sauerkraut – erlebt eine Renaissance. Man muß sich allerdings in diese Technik richtiggehend vertiefen, um mutig ans Werk zu gehen. Dabei hat das Verfahren lauter Vorteile: Milchsaures Gemüse kann roh als Salat serviert werden. Es läßt sich auch mit frischem Gemüse mischen. Es ist nach 3 – 6 Wochen eßfertig und ein Jahr lang haltbar. Man braucht keinen Tiefkühlschrank. Dank des Einsäuerns in Sterilisiergläser kann man auch kleine Quantitäten auf diese Art einmachen.

Eingesäuertes Gemüse bildet Milchsäure. Um den Säuerungsprozeß zu fördern, kann man dem Gemüse Molke beigeben (siehe Rezept), keinesfalls aber Milch verwenden!

Zuerst werden 1 l-Einmachgläser (mit Schraubdeckel oder Gummiring und Klammer) auf ihre Luftdichtigkeit geprüft: mit Wasser füllen und auf den Kopf stellen. Nur solche Gläser verwenden, aus denen kein Wasser austritt. Die Gummiringe sollten neu sein, die Klammern fest sitzen.

Das einzusäuernde, sauber geputzte und fein geschnittene oder gehobelte Gemüse wird z. B. mit einem Kartoffelstößel mit dem Salz und den Gewürzen in einer Schüssel so lange gestampft, bis Saft austritt. Nun spült man die ganz sauberen Gläser mit einer Essig-Salz-Wasserlösung (1 EL Essig, 1 EL Salz + 1 l kochendes Wasser) aus und schichtet das Gemüse ein. Nicht mehr als 700 g Gemüse für 1 l-Glas. Das Glas sollte höchstens zu 4/5 gefüllt werden. Der Saft muß das Gemüse bedecken. Evtl. nachfüllen mit gekochtem Wasser oder mit Molke (Molke aus Molkenpulver aus dem Reformhaus, falls nicht frisch erhältlich). Sofort gut verschließen und eine Woche lang an einem dunklen, warmen Ort stehen lassen. Evtl. zudecken. Dann im Keller aufbewahren.

Eßbereit nach 4 Wochen.

43 Milchsaures Gemüse

Gemüseart	Salz/700 Gemüse	Gewürze
Weißkohl	2 KL	1 EL Wacholder, 1 EL Kümmel, 2 EL Zucker
Randen (Rote Bete)	1 KL	2 EL Meerrettich gerieben, 3 Nelken, 1 mittelgroße, gehackte Zwiebel, 2 EL Zucker
Karotten	1 KL	1 mittelgroße, gehackte Zwiebel, 2 Knoblauchzehen, gehackt, 1 KL Korianderkörner
Sellerie	1 KL + 250 ml Wasser	3 EL Dill, zerzupft
Bohnen	1 KL	3 EL Bohnenkraut, zerzupft
Kohlrabi	1 KL	1 EL Koriander, 1 EL Pfefferkörner, 3 Lorbeerblätter
Rotkohl	2 KL	2 Nelken, 1 EL Kümmel, 1 EL Zucker
Fenchel	1 KL	1 mittelgroße, gehackte Zwiebel

Vorbereitung: Kohlarten fein hobeln.
Bohnen entspitzen, schräg in 2 – 3 cm lange Stücke schneiden.
Knollengemüse schälen, fein raffeln.
Einsäuern: Siehe vorhergehende Seite.

Kochen: Wie Sauerkraut mit etwas Wasser- oder Weinzugabe.
Salate: Die Gemüse roh verwenden, eventuell etwas pfeffern und salzen. Falls sie zu sauer schmecken, etwas Zucker, eventuell etwas Sonnenblumenöl beigeben, mit beliebig viel geraffeltem Apfel und grob gehackten Nüssen vermengen.

44 Kochrezept für milchsaures Gemüse

So schmeckt milchsaures Gemüse besonders fein:

700 g	milchsaures Gemüse zur Hälfte in einen Kochtopf geben.
1 Apfel	schälen, in Scheibchen schneiden, diese auf das Gemüse legen, den Rest des Gemüses darübergeben.
750 ml Wasser	dazugießen. 1 Std. köcheln lassen, evtl. noch mehr Wasser beigeben, kann anbrennen.
1 Kartoffel	schälen, raffeln, beigeben. 30 Min. köcheln lassen, evtl. etwas Weißwein zugeben.

Speziell für milchsauren Rotkohl:
Kochen wie oben, am Schluß etwas Johannisbeergelee und Zucker beigeben.

Milchsaure
Randen

Milchsaure
Bohnen

Milchsaure
Raben

Milchsaurer
Kohlrabi

45 Sauerkrautsuppe

2 EL Butter	schmelzen.
2 EL Mehl	darin goldgelb rösten, mit
1 l Fleischbrühe	ablöschen, 10 Min. köcheln lassen.
250 g Sauerkraut	dazugeben, 30 Min. köcheln lassen, evtl. noch mit etwas Pfeffer würzen.
200 ml sauren Rahm (Sahne)	dazurühren, nochmals bis zum Siedepunkt erhitzen, nicht mehr kochen. Mit
Schnittlauch	bestreut servieren.

Notizen

46 Borschtsch, russische Kohlsuppe mit milchsauren Randen (Rote Bete)

1 kleiner Kohlkopf	in Blätter zerteilen, waschen, fein schneiden.
1 Sellerieknolle	waschen, schälen, raffeln.
4 Karotten	waschen, schälen, raffeln.
2 Lauchstangen	der Länge nach aufschneiden, waschen, in feine Streifen schneiden.
3 EL Butter	schmelzen, die Gemüse beigeben, gut durchdämpfen.
500 g milchsaure Randen (Rote Bete)	beigeben. Mit
1 1/2 l Fleischbrühe	ablöschen. 1 Std. köcheln lassen.
200 ml sauren Rahm (Sahne)	dazurühren, nochmals bis zum Siedepunkt erhitzen, nicht mehr kochen.

Notizen

Gedörrte Gemüse

Ich könnte mir vorstellen, daß schon eine Steinzeit-Frau herausgefunden hat, daß sich getrocknete Schoten irgendeiner wilden Hülsenfrucht als Nahrungsmittel eigneten. Irgendwann wird sie dann auch auf die Idee gekommen sein, sie zuerst einzuweichen und zu kochen.

Ich weiß, daß in Deutschland mit der Schote getrocknete Bohnen kaum bekannt sind. Für meinen Geschmack gibt es kein besseres Wintergemüse-Essen als dürre Bohnen mit Speck und Rauchwürsten.

Dann gibt es noch einen weiteren Grund, weshalb ich diese Konservierungsart speziell für Bohnen allen anderen vorziehe: Sterilisierte Bohnen können ein Toxin entwickeln, das tödlich wirken kann! Weshalb sollen wir uns einer solchen Gefahr aussetzen, wenn doch dürre Bohnen so gut schmecken?

Und wenn ich im Winter trotzdem Bohnensalat machen möchte: hierfür halte ich etwas von meinem kostbaren Tiefkühlraum frei!

Was man generell beim Dörren von Gemüsen und Pilzen beachten soll: Festes Gemüse sollte man in Salzwasser blanchieren (3 Min.). Man legt es ohne es zu stapeln auf eine trockene Unterfläche (z. B. Kuchenblech). Die Wärme sollte möglichst konstant sein (50° C). Nicht jedes Dörrgut erträgt Sonne (siehe die einzelnen Rezepte).

Dörrgut muß ständig überwacht werden.

47 Gedörrte Bohnen

Für meinen Geschmack die allerbeste Art, um Bohnen einzumachen: Sie nehmen wenig Platz im Küchenschrank ein, sie brauchen keinen großen Zeitaufwand und sie schmecken himmlisch — fast noch besser als gartenfrische Bohnen.

Stangenbohnen eignen sich besser als Buschbohnen, die zum Dörren zu zart sind.

Die möglichst frisch gepflückten Bohnen waschen, die beiden Enden wegbrechen, in leicht gesalzenem Wasser 5 Min. blanchieren, auf einem Küchenpapier abtrocknen. Auf einem engmaschigen Gitter im Schatten trocknen lassen. In einem Stoffsack aufbewahren.

Gleichzeitig dörrt man Bohnenkraut, das man in einem Extra-Säckchen, zusammen mit den Bohnen, aufbewahrt.

Und wie kocht man dieses Gemüse?
Über Nacht in reichlich lauwarmen Wasser einweichen. Speckwürfel und Zwiebel in Olivenöl glasig dünsten, die eingeweichten Bohnen etwas abgetropft beigeben, mitdünsten, nach und nach von der Einweichbrühe noch etwas beigeben, mit einer Prise Bohnenkraut würzen, salzen, pfeffern. Kochzeit 1 Stunde. Dazu gehören Salzkartoffeln.

48 Gedörrte Peperoncini

Bei allen scharfen Gemüsen denke ich an meine Spezial-Kräutersalz-Mischung, bei der auch gedörrte Peperoncini nicht fehlen dürfen. Sie werden mitsamt dem Stiel entweder im Umluft-Backofen (50° C) bei leicht geöffneter Backofentüre, im Dörrapparat oder, auf einen Faden aufgereiht (pralle Sonne erlaubt) getrocknet, bis sie ganz dürr sind.

Notizen

49 Gedörrte Küchenkräuter

Kurz vor der Blüte sind sie am aromatischsten. Zum Dörren verwende ich am liebsten die Triebspitzen (allgemein: die vordersten 10 cm des Krautstengels mit den eventuellen Seitentrieben). Ich pflücke sie möglichst an einem sehr sonnigen Tag vor der Mittagszeit. Sie werden mit Garn gebündelt (ca. 5 Stiele pro Bund) und freihängend im Schatten aufgehängt, bis die Blätter ganz spröde sind. Man kann sie auch, dann ungebündelt eingelegt, im Dörrapparat trocknen. Der Backofen eignet sich dazu nicht (auch auf unterster Stufe ist die Hitze zu groß).

Die getrockneten Blätter von den Stielen abstreifen, eventuell noch feiner zerbröseln, in Gläsern aufbewahren.

Für Gewürzsalz zerreibt man sie fein, indem man sie durch ein Sieb streicht oder mit dem Mixer zerkleinert.

Am besten eignen sich zum Dörren:

Thymian
Majoran
Oregano
Estragon
Rosmarin
Salbei

Für Basilikum siehe «Basilikum in Öl», Seite 22, für Schnittlauch und Petersilie siehe «Küchenkräuter im Salz», Seite 89, für Dill siehe «Dillkronenessig», Seite 28.

50 Gedörrte Zucchetti (Zucchini)

Für Gartenbesitzer ist dieses Rezept sozusagen **die** Rettung, denn ich kenne keinen, der nicht mindestens einmal im Gartenjahr vor einem Zucchettisegen steht, den er kaum bewältigen kann. Tiefgekühlte Zucchetti (Zucchini) verlieren ihren Eigengeschmack, gedörrte Zucchetti schmecken mir noch besser als frische.

Die Zucchetti (Zucchini) lassen sich dörren, solange die Kerne noch weich sind. Bei älteren Exemplaren muß man das Kerngehäuse und die Schale entfernen.

Das Gemüse waschen, in 5 mm dicke Scheiben schneiden, dicht an dicht auf ein Kuchenblech legen und einige Tage an der prallen Sonne trocknen lassen. Über Nacht ins Haus nehmen. Natürlich lassen sie sich auch im Umluft-Backofen (Türe etwas offenlassen) bei 50° C oder im Dörrapparat trocknen.

Vor dem Gebrauch über Nacht in viel kaltem Wasser einweichen.

Notizen

83

51 Gedörrte Zwiebeln

Ich lagere meine Zwiebeln, zu Zöpfen geflochten, an einem dunklen, kühlen, trockenen Ort. Trotzdem beginnen sie gegen Ende Februar zu schießen. Dann dörre ich meinen ganzen Restbestand:
Ich schäle die Zwiebeln, schneide sie in Ringe, die während 3 Min. blanchiert werden. Anschließend breite ich sie auf einem Kuchenblech aus und trockne sie auf einer hochgelegenen Ablage in der warmen Küche. Eventuell nütze ich auch die Hitze des auskühlenden Backofens, lasse aber die Backofentüre zur Hälfte geöffnet.
Zur Verwendung als gedämpfte Zwiebeln weiche ich die getrockneten Ringe einige Minuten in lauwarmem Wasser ein.
Zum Braten gebe ich sie direkt ins heiße Fett.

Weitere Verwendungsmöglichkeit: für selbstgemachtes Kräutersalz (s. Seite 91).

52 Gedörrte Pilze

Morcheln, Herbsttrompeten und Steinpilze eignen sich nach meiner
Erfahrung hierfür am besten. Für Champignons ziehe ich das Einmachen
in Öl bei weitem vor.

Die Pilze werden sauber geputzt (nicht gewaschen!). Je nach Größe be-
läßt man sie ganz oder schneidet sie in etwa 5 mm dicke Scheiben. Entweder im Umluft-Backofen auf 50° C (Türe einen Spalt breit offen lassen!),
im Dörrapparat oder an Fäden aufgereiht (sie dürfen sich nicht berühren!)
trocknen. Pilze dürfen an der prallen Sonne getrocknet werden.

Weniger schöne Trockenschnitzel verwendet man für die Kräutersalz-
mischung, siehe Seite 91.

Ein Sonderfall ist der Habichtspilz (wir nannten ihn Maggipilz). Er ist von
sehr zäher Konsistenz, also als Speisepilz nicht geeignet. Dafür kann man
ihn, in 3 mm dünne Scheiben geschnitten, getrocknet, zu Pulver zerrie-
ben, als eigentliches Pilz-Würzpulver verwenden.

Beispiel: Risotto ai funghi. Sparsam dosieren!

53 *Gedörrte Tomaten*

Der Arbeitsvorgang dauert zwar lang, doch ist der Zeitaufwand relativ gering und das Resultat lohnt die Mühe.

Reife, aber nicht überreife Tomaten waschen, Stielansatz entfernen, quer durchschneiden, mit der Schnittfläche nach oben dicht an dicht auf ein Gitter legen. Tomaten dürfen an der prallen Sonne getrocknet werden. Der Trocknungsvorgang dauert einige Tage. Man muß aber daran denken, die Tomaten über Nacht ins Haus zu nehmen. Natürlich kann man den Trocknungsvorgang auch im Backofen vornehmen (50° C während 12 – 18 Std., aber wieso soll man hier Strom verschleudern?).

Die Tomaten müssen noch etwas elastisch sein. So sind sie, in einem Stoffsack aufbewahrt, mindestens 1 Jahr haltbar.

Nach und nach werden sie portionenweise über Nacht in eine Salzlösung gelegt (2 KL Salz auf 1 l Wasser). Man trocknet sie auf einem Küchentuch, schichtet sie in mit heißem Essig-Salzwasser (2 EL Essig, 2 EL Salz auf 1 l kochendem Wasser) ausgespülte und anschließend im Backofen gut getrocknete Schraubdeckelgläser. Pro Glas gibt man 1 kleinen Estragonzweig und 1 geschälte Knoblauchzehe bei, füllt mit Olivenöl auf (zwischen Oberfläche und Deckel 1 cm Luft lassen!) und verschließt gut. Haltbarkeit 4 Monate.

Dunkel, kühl und trocken aufbewahren.

In Öl: als Beilage zu einer kalten Platte oder zu gekochtem Rindfleisch.
Getrocknet: als Tourenproviant.

54 Gedörrte Spargelabfälle

Schade für jedes Stück Spargelschale, das man wegwirft. Eine echte Spargelcrèmesuppe ist eine leckere Sache!
Die Schalen von (natürlich gut gewaschenen) Spargeln, ebenso die harten Teile werden auf einem Kuchenblech an der prallen Sonne oder im Umluft-Backofen bei 50° C (Türe einen Spalt weit offenlassen) getrocknet.
Zur Verwendung als Suppe weicht man sie über Nacht in der für die Suppe vorgesehenen Wassermenge ein. (Für 4 Personen rechnet man 1 Liter Wasser.)

1 EL Butter	schmelzen.
2 EL Weißmehl	dazugeben, glattrühren.
	Die eingeweichten Spargelschnitzel mitsamt der Brühe beigeben, alles 15 Min. köcheln lassen.
	Salzen, pfeffern, **abseihen,** nochmals aufkochen.
	Mit Schnittlauch bestreut servieren.

Notizen

Einmachen in Salz

Eine der ältesten Einmachmethoden. Schnittlauch und Petersilie, die getrocknet etwa den Geschmack von Heu haben, sind so konserviert wie gartenfrisch (natürlich kann man sie auch tiefkühlen – aber das braucht wiederum Strom) – und zudem kann ich sie schon fixfertig zerschnitten aus dem Glas nehmen.
Das Zusammenstellen von Kräutermischungen mit Salz kann zum eigentlichen Hobby werden. Wichtig ist es, die einzelnen Bestandteile genau zu wägen und aufzuschreiben. Es wäre doch schade, wenn man eine besonders mundende Geschmacksnote nicht wieder herstellen könnte.

55 Küchenkräuter in Salz

Gewisse Küchenkräuter verlieren beim Trocknen ihr Aroma. In Salz konserviert schmecken sie aber praktisch gartenfrisch.
Die unten angeführten Kräuter müssen ganz sauber gewaschen, gut getrocknet und möglichst fein geschnitten sein.

Schnittlauch
Petersilie
Dill
Kerbel

gemischt oder einzeln.
Lagenweise mit Kochsalz in mit heißem Essig-Salzwassesr (2 EL Essig, 2 EL Salz auf 1 l kochendes Wasser) ausgespülte, kleine Schraubdeckelgläser schichten. Zuoberst eine Salzlage. Verschließen, kühl und trocken aufbewahren. Damit gewürzte Speisen nicht mehr salzen!

Notizen

56 Selleriesalz

Eine große Sellerieknolle waschen, schälen, fein raffeln, wägen. Man nimmt dreimal mehr Salz als Sellerieschnitzel, mischt das ganze und läßt es einige Tage in einem zugedeckten Gefäß stehen.
Täglich einmal umrühren.
Dann auf ein Kuchenblech oder in eine Auflaufform geben, flachdrücken und im Backofen bei 120° C trocknen lassen (Türe einen Spalt breit offen lassen).
Anschließend das Salz in ein enges Gefäß (z. B. Krug) geben und mit einem Stößel wieder pulverisieren. In Gläser mit Schraubdeckel abfüllen.

Zum Würzen von Salaten, Saucen und Suppen verwenden.

57 Kräutersalz

Wichtig: Für Kräutersalz-Mischungen nur ganz trockene Kräuter verwenden. Rosmarin und Salbei eignen sich wegen ihrer Konsistenz nicht gut dafür.
Zusammensetzung (die man nach Belieben variieren kann):

2 EL Thymian
2 EL Majoran
2 EL Liebstöckel
2 EL Zwiebelschnitzel
1 EL Pilzschnitzel
1 EL Estragon
1 EL Pfeffer
1 Chilischote
7 EL Meersalz   miteinander in einem Mörser zerstoßen oder im Mixer zerkleinern.
In Gläser abfüllen.

Variante: Getrocknete Pilze und/oder Zwiebeln beigeben.
Siehe Seiten 84/85.

58 Suppengemüse in Salz

Hierfür eignen sich alle unten angeführten Gemüse. Sie müssen ganz sauber gewaschen und gut getrocknet sein.

Karotten	in Streifen oder geraffelt.
Lauch	in Streifen oder feinen Rädchen.
Knollensellerie	in Streifen, Würfel oder geraffelt.
Stangensellerie	in Streifen.
Blattsellerie	ohne Stengel.
Fenchel	in Streifen.
Kohl	in Streifen.

Lagenweise mit Kochsalz in mit heißem Essig-Salzwasser (2 EL Essig, 2 EL Salz auf 1 l kochendes Wasser) ausgespülte kleine Schraubdeckelgläser schichten. Zuoberst eine Salzlage. Verschließen, kühl und trocken aufbewahren. Damit gewürzte Suppe nicht mehr salzen!

Notizen

59 Salzgurken

Eigene Gurken kann man mit der Schale verwenden. Gekaufte Gurken sollte man schälen. Schlangengurken eignen sich am besten.
Die Gurken waschen, mit einer Stricknadel ringsum durchstechen. In so große Stücke schneiden, daß sie quer in einen Gurkentopf oder ein Einmachglas gelegt werden können. Dazwischen gibt man immer wieder Dillzweige, Pfefferkörner sowie 1 KL Senfkörner.
Soviel Salzwasser zubereiten, daß die Gurken damit ganz bedeckt werden können.

40 g Salz
1 l Wasser

auf
nehmen und umrühren, bis sich das Salz aufgelöst hat.
Die Gurken damit übergießen.
Ein Stück Gaze darüber legen und einen Teller, der die Oberfläche des Gurkenwassers bedeckt. Mit einem sauberen Stein beschweren. An einem warmen Ort (ca. 18° C) eine Woche gären lassen, dann kühl stellen. Das Tuch jeweils nach einigen Tagen wechseln.
Sobald die Gurken glasig aussehen, sind sie zu verwenden. Sie müssen nun kühl aufbewahrt werden. Das Tuch gelegentlich ersetzen.

Senfkörner gibt es in der Apotheke!

In der gleichen Buchreihe:

Kathrin Rüeggs Brotbackstube, Band 1
Kathrin Rüeggs Guetzlibäckerei, Band 2
Kathrin Rüeggs süße Einmachküche, Band 3
Weitere Bände in Vorbereitung!

Weitere Werke von Kathrin Rüegg:

Tessiner Tagebücher: Kleine Welt im Tessin, Band 1
Dies ist mein Tal — dies ist mein Dorf, Band 2
Mit herzlichen Tessiner Grüßen, Band 3
Nach jedem Winter kommt ein Sommer, Band 4
Von Lämmern und Leuten in Froda, Band 5
Großer Stall — kleines Haus, Band 6
Ein Dach überm Kopf, Band 8
Vom Morgen bis zum Abend, Band 10
Begegnungen, Band 11

Bild-Tagebücher: Mit meinen Augen, Band 7
Lauter schöne Jahreszeiten, Band 9
Kein Tag wie der andere, Band 12

Großmutter-Bände: Was die Großmutter noch wußte, Band 1
Als die Großmutter noch jung war, Band 2
Vom Apfel bis zur Zwiebel, Band 3
Essen wie damals, Band 4
Winterrezepte und Geschichten, Band 5

Adresse der Autorin

Kathrin Rüegg, CH-6635 Gerra Verzasca, Tel. 093 90 12 84